AF275713

MARDULCE

Título original: *La haine des juifs*

© 2022   Les Éditions du Cerf

© 2025   Damián Tabarovsky, de la traducción

© 2025   Mardulce
            www.mardulceeditora.com.ar

Corrección: Lucila Schonfeld - edit.ar
Diseño de colección y cubierta: trineo.com.ar

ISBN 978-84-125439-3-3
Depósito Legal M-12404-2025

JEAN-LUC NANCY

El odio a los Judíos

Conversaciones con
Danielle Cohen-Levinas

Traducción de Damián Tabarovsky

ensayo **∿∿**

Índice

Profecía: el tiempo vendrá.

[...]

El tiempo vendrá y seguramente será
imprevisto, sin lo que nada vendría.

J.-L. NANCY, *La frágil piel del mundo*

Prefacio
Un inconfesable oscuro presente

Un gran filósofo se fue en la luz de agosto de 2021. Era un amigo, un Maestro, un sabio, una voz hecha para acoger el sentido de las cosas, del mundo y de la humanidad del hombre. Nos enseñó a abrir ese sentido; a abrirlo y a abrirlo otra vez hasta el infinito, como si, por el sentido, pudiésemos tocar las estrellas, convertirnos en intérpretes de aquello que se nos escapa. Llevar el sentido a sus extremos sin descuidar ninguno, ¿no es una manera de evitar que alguno de ellos se fije demasiado rápido, o demasiado tarde, en una resolución sin futuro?

Sobre la cuestión del antisemitismo, de la que tantas veces hablamos, Jean-Luc Nancy no negociaba. No hacía concesiones, ya que lo esencial se jugaba para él en una cierta forma de lo ordinario del odio a los Judíos,*

---

* Se mantiene en todos los casos la J mayúscula que aparece en el original francés revisado por J.-L. Nancy. [N. del T.]

convertido casi en un lugar común, un *topos*, una *doxa* inconfesable, que permanece inconfesada. Ahora bien, el odio a los Judíos es precisamente eso que jamás puede inscribirse en el registro de la banalidad, porque eso significaría que la cultura occidental, *a fortiori* la filosofía, tiene rechazo a reconocer el rasgo judío que hay en ella. La constatación era entonces sin apelación. Es esta resistencia al rasgo judío que Jean-Luc Nancy auscultó incansablemente estos últimos años. Una suerte de pudor y de vigilancia profunda, hasta en la expresión atormentada de su rostro, le impedían refugiarse en el concepto puro, en los milagros de la especulación, de la metafísica, incluso de la deconstrucción. Desde que era cuestión del antisemitismo, su reflexión estaba como imantada por ese inconfesable, del que recusaba que tuviera la última palabra. Es que, para él, un inconfesable exponencial urde nuestras sociedades biempensantes. La tarea del filósofo reside en contradecir ese inconfesable. Jean-Luc Nancy lo sabía. El "Judío", "portador de todas las taras y autor de todos los males",* se convirtió, con el paso del tiempo, en el tema de Nancy. No como el filósofo que deambularía por un gabinete de curiosidades para encontrar la "cosa" que se mantiene muda a la que la filosofía otorga una voz, sino porque su conciencia de

---

* J.-L. Nancy, *Exclu le juif en nous*, Galilée, 2018, p. 13.

filósofo era insurreccional, indignada por esa banalización que hace que tácitamente, sin incluso percibirlo, el Judío, excluido de nosotros y fuera de nosotros, era y se mantenía como la lápida de la historia.

El diálogo con Jean-Luc Nancy en torno a estas cuestiones, que él deseaba someter a una deconstrucción histórica y teológica-política, comenzó hace muchos años, a comienzos de los años 2000. Ese diálogo fue ininterrumpido, y tocó una multitud de temas, de preocupaciones, y de compromisos que yo veía desplegarse bajo la mirada sinóptica del filósofo. Con la determinación que lo caracterizaba, Jean-Luc Nancy perseguía, a golpes de intimaciones críticas, análisis históricos eruditos, y a golpes de agudeza conceptual extraordinaria, el impensado de la civilización occidental: el antisemitismo. A él le importaba ese diálogo, estas conversaciones que releyó y corrigió hasta la menor coma. Después de *Exclu le juif en nous*, libro en el que expone lo esencial de su reflexión, no había terminado con el mons truo, con el odio a los Judíos. Precedentemente, ya se había implicado particularmente en la confección de un libro colectivo que yo había codirigido con Antoine Guggenheim, *L'antijudaïsme à l'épreuve de la philosophie et de la théologie*,* considerando que la palabra "antijudaísmo" era débil (un

---

* D. Cohen-Levinas y A. Guggenheim, *L'antijudaïsme à l'épreuve de la philosophie et de la théologie*, París, Éd. du Seuil, 2016.

eufemismo) y que el antijudaísmo era en sí un antisemitismo, sea cual sea el ángulo de inclinación que se tome para discutir lo bien fundamentado de esa expresión. "No, decididamente no, Danielle. Tienes que decir 'antisemitismo' y no antijudaísmo". Y cuando yo escribía *L'impardonnable*,* mientras el agotamiento físico me ganaba, él mantenía una extraordinaria vigilancia. Ese fenómeno de forclusión en el corazón de nuestra civilización no lo terminaba de desatar, de atormentar, y que los antisemitas podían, de ahora en más, compadecerse de ser los supuestamente perseguidos, lamentando no poder eructar su odio frente al mundo sin ser sometidos a la vindicta judicial, eso lo dejaba desarmado y siempre en busca de una justicia incondicional. ¿Creía sin embargo en una reparación posible del mal antisemita? Francamente, no lo creo. Jean-Luc Nancy era en extremo lúcido, lo que significa que el irenismo de la buena conciencia no era apropiado, sin embargo la necesidad de la reparación le parecía imponerse a las naciones y a los Estados culpables de crímenes contra la humanidad.

Compartimos la misma constatación. El antisemitismo es un hecho civilizatorio irreductible, comprobado. En consecuencia, no forma parte de las cuestiones que tienen una resolución definitiva. No es mañana la víspera en la que el antisemitismo dejará de propagar su

* D. Cohen-Levinas, *L'impardonnable*, París, Les éditions du cerf, 2021.

veneno mortal. El antisemitismo, sea cual sea el camino que sigamos para hablar de él, es una demostración de ese incesante movimiento de retorno que comanda, propaga y expande el odio a los Judíos, incluso cuando los Judíos creen estar seguros. El antisemitismo es una hidra de muchas cabezas. Cortamos una, pero hay otra que toma el lugar. Sin embargo, la palabra "inevitable" tampoco sirve. Combatir el antisemitismo, resistir, sobrevivir, significa rechazar frontalmente lo inevitable, y ese combate, después de la *Deconstrucción del cristianismo*, era el de Jean-Luc Nancy, al que nunca renunció. Ya que, en el fondo, ¿estamos seguros de que nuestra relación con el mundo y con la humanidad no está enturbiada, según las circunstancias, de una cierta *indiferencia* a este odio tan específico? Entonces sí, la inhumanidad del hombre es sin dudas constitutiva de su humanidad. Mientras escribo estas líneas, una invasiva violencia se abatió sobre Ucrania. Violencia hacia un pueblo, una cultura, una lengua. No puedo dejar de imaginar qué hubiera dicho Jean-Luc Nancy. Qué hubiera pensado, qué habría escrito. Lo veo, con el rostro adusto y tenso, con los ojos de la amiga que lamenta su ausencia. Escucho la voz subjetiva y política del filósofo en cólera, que toma nota de la desorientación territorial en la que el mundo cayó o se ensombreció. Lo que se llama la *inhumanidad* del mundo era para él como la confesión de su inmensa vulnerabilidad; una vulnerabilidad en llanto, en grito. "Sí, los glaciares se derriten. No, la paz no es para mañana", escribía en su último libro *La Peau fragile du monde*.*

Sí/No: solo una cesura separa esas dos palabras. Una, Sí, acoge al mundo tal como va; la otra, No, escucha el estrépito de los cuerpos que sufren, y de un pensamiento que apenas soporta llevar la gran miseria del mundo desorientado.

¿El mundo se habría convertido en un lugar en el que se desagregan los sentidos? ¿Un mundo en el que los significados están como arruinados y convertidos en mudos? ¿El mundo tendría vergüenza de sí mismo? ¿Nuestra existencia sería de ahora en más sin salvación en este mundo? ¿Somos testigos del fin del mundo, de un cierto mundo? Pero "un viento que se levanta", escribe Jean-Luc Nancy, en un impulso escatológico, podría tener sobre esta humanidad vuelta loca el efecto de un torpedo. Espera, promesa, esperanza de ver, no sin desmayos, sino la fisura desde dentro del zócalo sobre el que descansa el odio del otro hombre:

*Sino un viento que se levanta y en él un deseo. En el deseo una decisión, una determinación a estar listo para lo imprevisto. Mejor que una revolución: una resolución.***

---

* J.-L. Nancy, *La Peau fragile du monde*, Paris, Galilée, 2020, p. 15. [Traducción castellana: *La frágil piel del mundo*, Madrid, De Conatus, 2021.]

** Ibid., p. 17.

Las páginas que siguen son el modesto testimonio y receptáculo de esta resolución radical de luchar contra todos los inconfesables oscuros presentes.

Este libro de entrevistas aparece con el pleno consentimiento de Jean-Luc Nancy, que sabía que ya no estaría para tenerlo entre sus manos. Quiero expresar mi gratitud a Hélène Nancy y a Agustin Nancy. Les agradezco por haberme ayudado aquí mismo a seguir la resolución.

Danielle Cohen-Levinas

1.
El antisemitismo en
las fuentes de Occidente

Danielle Cohen-Levinas: *Desde hace algunos años* le preocupa el tema del antisemitismo, al punto que dedicó un ensayo a esa cuestión, titulado* Exclu le juif en nous *(Galilée, 2018). La primera frase del libro marca el tono, un tono contundente y sin esperanza: "Incansablemente el antisemitismo se repite". Digo que es contundente porque, de entrada, plantea mucho más que una constatación. Propone un diagnóstico sin resolución. Y sin embargo, sin embargo... Si el antisemitismo es un fenómeno que se repite, ininterrumpido, si como usted escribe "lo que retorna lo hace bajo el modo de lo que permitió antaño la persecución estatal en una veintena de países europeos", ¿por qué colocar esta recurrencia inclasificable en el registro de la banalidad –título del primer capítulo– o incluso de lo "ordinario", de lo "cotidiano"? Me parece, al contrario, que esta recurrencia, por inclasificable que sea,*

---

*   Entrevista inédita realizada en noviembre de 2018.

representa en nuestra civilización occidental una excepción, en el sentido de que es un fenómeno incomparable. Nada se equipara con esta repetición mórbida y devastadora, salvo el antisemitismo, precisamente. No podemos dejar, leyendo bajo su pluma la palabra "banalidad", de pensar en la expresión de Hannah Arendt, "la banalidad del mal", sobre todo a partir de uno de sus libros anteriores, que se titula Banalité de Heidegger (Galilée, 2015).

JEAN-LUC NANCY: Por supuesto, como lo indico en los textos, retomo de Hannah Arendt la palabra "banalidad", que ella misma retomaba de Joseph Conrad. Contrariamente a lo que nos hacen pensar nuestros hábitos lingüísticos, "banalidad" no se opone a "incomparable"; o en todo caso esa oposición es válida para todas las culturas y civilizaciones: en efecto, solo la nuestra conoció el fenómeno de una prohibición general, durante siglos, de un pueblo implantado, a la vez, en la mayor parte de los territorios, culturas, lenguas, e incluso naciones y ciudadanías propias de cada civilización dada. Que se trate de medidas de exclusión, de regímenes de excepción, de persecuciones –pogromos y exterminio– del antijudaísmo o del antisemitismo, el conjunto de ese fenómeno, unificado por la palabra "judío", es solo propio de Occidente (y por todas partes por donde se expandió, por la superficie de la tierra, incluso si sus formas más pronunciadas se dan en Europa, del Atlántico a los Urales).

Pero, en esta cultura, en este ambiente, el fenómeno es banal en dos sentidos complementarios: dejar al margen una identidad llamada "judía" y la justificación de este dejar al margen. ¿Cuántos europeos, desde hace dos mil seiscientos años, no pensaron que los judíos, cuanto menos, deberían ser excluidos, y como máximo, suprimidos? Una minoría, lo sabemos bien.

A eso se le suma la intensificación de ese juicio en la época en la que Europa sintió perder sus propios puntos de referencias, convirtiéndose en una sociedad de masas y de opinión pública. La opinión adoptó masivamente la hipótesis de una molestia judía en el seno de la sociedad, del modo más banal, y limitando toda búsqueda de culpables.

Por tanto, lo importante es no contentarse con una crítica moral. Es necesario comprender cómo ese fenómeno pertenece a Occidente, cómo ocupa un lugar constitutivo.

D. C.-L.: *Creo que es el sentido de su libro: intentar comprender cómo el antisemitismo es un fenómeno que pertenece a Occidente. Forzando a propósito la interpretación: ¿no se puede decir "Occidente cristiano" en lugar de solamente "Occidente"? Es un hecho históricamente probado que el antisemitismo es un viejo tema del cristianismo. Usted muestra muy bien en su ensayo que el cristianismo prontamente se pensó como "el fermento de una civilización nueva", y distingue lo que llama "dos* causas iniciales del antisemitismo",* que usted ubica en el registro de la pasión: 1) la pasión de la compatibilidad; 2) la pasión de un cristianismo entendido como un judaísmo transformado, en busca de autoafirmación". Contradicción performativa, que en términos psicoanalíticos se piensa en torno al par antitético "amor-odio". Usted habla de una tensión entre autonomía y heteronomía, términos que me parecen de una gran justeza. Pero el principio de tensión sobreentiende la idea hegeliana de una resolución, dicho de otro modo, en términos cristianos, de un espíritu reconciliado consigo mismo. ¿Podría desarrollar esta contradicción performativa entre dos registros de la pasión que está en el centro de su reflexión, y estaría de acuerdo en decir que el espíritu reconciliado consigo mismo solo fue posible negando y, en lo posible, suprimiendo la heteronomía constitutiva de la autonomía del cristianismo?

J.-L. N.: Solo una pequeña observación: como señalo en el libro, el Occidente griego manifestó un cierto nerviosismo hacia el pueblo judío desde antes que el cristianismo. Habría que estudiarlo más en detalle, pero esto testimonia un inicio. Sin dudas, habría que pensarlo en torno a la división, en los griegos, entre las religiones, por decirlo en términos nietzscheanos, "apolíneas" y "dionisíacas".

---

* Ver *L'Antijudaïsme à l'épreuve de la philosophie et de la théologie*, D. Cohen-Levinas, A. Guggenheim (dir.), París, Éditions du Seuil, coll. "Le genre humain", 2016.

Esas últimas no tuvieron el favor de las ciudades ni de los filósofos. Además, son consideradas como asiáticas. Es probable que el judaísmo haya sido percibido como una forma de culto iniciático y misterioso, extraño a los mitos griegos. Agrego además, y en esto insisto, el componente griego del cristianismo, sobre el que me detengo aquí para responder a su importante pregunta acerca de la pasión.

Una fiebre se expandió por el mundo mediterráneo, en el que la época llamada "alejandrina" expresa los síntomas: expansión militar y comercial, ebullición de saberes, técnicas y cultos; circulación de pensamientos, de formas, de lenguas, de costumbres. Esta efervescencia es captada por Roma, que le da, por un lado, un deseo de reunión, de recomposición en un todo y, por el otro, un nuevo comienzo, de fundación durable. El *monumentum aere perennius* ("un monumento más duradero que el bronce") de Horacio contiene el espíritu de la época. Compatibilidad de las partes y autonomía del todo: es bajo ese doble sello que el cristianismo viene a ubicar el llamado judío a un Dios de la alianza, es a decir, a un compromiso (antes que a un cumplimiento). Una fidelidad (noción hasta aquí reservada a las alianzas humanas) se declara en eso que excede absolutamente al hombre: es, por lo tanto, heterónoma. Pero esa declaración revela la autonomía de un hombre que a nada está ligado, ni a una tierra ni a un príncipe (al pasar, quiero decir que estoy incómodo por esta oposición entre *auto* y *hetero,* ya que habría que oponer *auto* a *allo* y *hetero* a *homo.* Esto ameritaría un comentario, pero no aquí. Me restrinjo pues al uso convencional).

Contradicción, entonces, que hace al eje del cristianismo, y que este quiere resolver en el triple agenciamiento de lo universal (griego), del amor (judío) y de la institución (romana). Cada uno de estos elementos debe fundirse en el *kérygme,* proclamación de la nueva fe en el acontecimiento único de Cristo: declaro yo mismo mi lealtad a Dios. Por supuesto, la teología intenta todo por hacer frente a esta contradicción. Es por eso que los cristianos no dejaron nunca de esperar la conversión de los judíos: fue la forma menos virulenta del antisemitismo. Su forma más acabada se da en Kant, para quien la religión judía se convertiría en la mejor forma para una religión racional, si dejaba de ser judía. De manera suave o violenta, el judío debe desaparecer para que se resuelva la contradicción.

Y, sin embargo, es gracias a esta contradicción que vive, en realidad, el espíritu occidental. Para mejor o para peor. Quizás esta contradicción es la que le da un carácter pasional al asunto, quizás, al contrario, es la pasión –es decir, necesariamente el juego y el drama de las pasiones– lo que causa la contradicción.

D. C.-L.: *Usted distingue en su obra, sutil y radicalmente, el rasgo racista del rasgo antisemita, lo que llama "la hostilidad".*

Imputa esta diferencia al hecho de que el rasgo distintivo del antisemitismo estaría ligado a la capacidad que tendría el judío de estar en los engranajes del poder y del conocimiento para encarnar esos engranajes –lo que Heidegger en los Cuadernos Negros llama la Machenschaft, como reino de la eficiencia, de una potencia que se creía superior–. Como si el rasgo judío se caracterizara precisamente por lo que, en términos marxistas, podríamos llamar el reino de la dominación: el capitalismo. En el fondo, esta hostilidad, de la que usted describe muy bien sus mecanismos, revela ese viejo tópico, del que la tradición filosófica no ha podido escapar. ¿Cómo comprender tanta irracionalidad hostil de una práctica, a saber, la filosofía que se piensa, y siempre se pensó, como el lugar de la salvaguardia de la razón histórica?

J.-L. N.: En el fondo, su pregunta, tal como la entiendo, me da la justificación para mi ensayo: la filosofía nunca consideró el hecho judío desde un punto de vista filosófico. Nunca al menos de un modo completo: cuando los filósofos manifestaron interés por el pensamiento judío (como en Kant, Hegel, Schelling, entre otros) no consideraron el hecho judío –el "pueblo", su manera de no fusionarse con la sociedad, el Estado y la religión dominante– desde un punto de vista práctico, como una irreductibilidad molesta que había que superar. Solo Nietzsche y después Heidegger –más allá de los pensadores judíos que dialogan con la filosofía (entre los modernos, Martin Buber, Franz

Rosenzweig y, en cierto modo, Walter Benjamin)– le concedieron al pueblo judío un significado propiamente filosófico (no me detengo aquí en ellos). Emmanuel Levinas es la excepción de una filosofía que compromete a la filosofía en una reflexión imantada por un pensamiento judío. El caso de Jacques Derrida es más complejo, pero es un filósofo que, en ciertos aspectos, "piensa judío", si se me permite la expresión. Sin embargo, no es seguro que Levinas o Derrida no sean, ellos mismos, oscuramente perseguidos por una "puesta en compatibilidad" del oxímoron *greco-judío*, aunque, lo reconozco, hay algo en ellos que resiste obstinadamente (un *marrano*, dice Derrida).

Jean-Françqois Lyotard había ya esquematizado muy bien el problema: la filosofía, decía a propósito de *Heidegger y "los judíos"*, "no tiene nada para hacer con un pensamiento en el cual el Otro es la ley". Resta saber cómo "el Otro" puede integrarse o, al menos, asimilarse en un pensamiento de lo mismo que es forzosamente el pensamiento de lo *auto*, del "por sí mismo". La contradicción de la que hablo trata de esta imposible integración.

Es por eso que la filosofía constantemente redujo el hecho judío a una particularidad empírica –al menos como Heidegger lo hizo–, de tratar a esta empiria como el actor de un proceso concreto, práctico, de autodestrucción de la civilización autodeterminada y autotélica. Es llamativo ver hasta qué punto en su antisemitismo repugnante de trivialidad, Heidegger no deja de hacer jugar una autodestrucción de lo *auto*, en nombre de una llamada a un *otro* comienzo que bien lleva esta marca de lo "otro" (*hetero* o *allo*, como ya señalé, incluso ambos a la vez; me detengo aquí).

Estas notas permiten al menos decir lo siguiente: en un reconocimiento de la alteridad irreductible, la filosofía al mismo tiempo se dotó de sus modos propios para pensar. Vio al "otro" solo como Dios, como el que "ha muerto", es decir, que se reabsorbe en su identificación como "ser supremo". Y toda nuestra cultura y nuestro pensamiento están resueltos allí por excelentes razones.

Pero esto se pagó con el mantenimiento al margen de aquello que me animaría, por una vez, a nombrar como el "otro de este Otro". El otro irreductible. Aquel sin el cual ninguna relación sería posible, por lo tanto, tampoco ninguna existencia. El otro irreductible a mí mismo, y en mí mismo –sin el cual yo me dirijo únicamente hacia mi autoidentificación y por lo tanto hacia mi muerte–. Pero así mi muerte no puede sellar mi propia irreductibilidad –lo que hace, más exactamente, que lloremos nuestros muertos, ya que son irremplazables–. Si, al contrario, fuesen al fin de cuentas reemplazables, no habría nada por lo que llorar, pero tampoco nada por lo que vivir: ningún signo, ninguna obra (grande o pequeña), ningún trazo absolutamente singular inscribe alguna existencia en el gran proceso auto-regenerador.

Hoy estamos en ese punto. Y podría decir que Heidegger lo sabía. Pero no quería saberlo, ya que quería, en tanto filósofo consecuente, ser el fundador de otro proceso –sin tomar recaudo de la palabra "otro" y confiando de una manera irreflexiva en la palabra "comienzo"–. Para el pensamiento judío, el comienzo, si es posible hablar de él, es otra cosa que una instauración o un origen. Creo que Derrida lo comprendió bien, y contra Heidegger.

D. C.-L.: *Su reflexión es precisa para comprender las diversas formas de recurrencia histórica del antisemitismo. Entre "el odio de sí" y "la cuestión histórica", el judío, más allá del hecho de que es un chivo emisario, es también, y usted lo señala muy bien, "la figura invertida del sujeto"; el espejo autorreflexivo de una conciencia atormentada ya por el origen, ya por el comienzo. Cualquiera sea el punto de vista hacia el que miremos, ¡el Dios de los judíos es molesto! ¡Nietzsche llegó a decir en El Anticristo que hubo un solo cristiano, que murió en la cruz! Pero del Dios de los judíos, ¿qué decir? ¿Qué pensar? Es la trascendencia misma –la architrascendencia, podríamos decir–. Nuestra civilización occidental no logró matar al pueblo de la Ley, ¿podrá matar a la Ley, sin correr el riesgo de aniquilarse a sí misma?*

J.-L. N.: Usted representa al pueblo judío como testimonio de la Ley, y la Ley como expresión de la trascendencia; esta, como sabemos, tiene mala prensa en nuestros días –podemos comprender que sea antipática cuando corresponde al dominio del hombre por un principio superior, a una especie de soberanía etérea, imponente y pesada–. Pero, al fin de cuentas, la oposición "trascendencia-inmanencia" no se sostiene, desde el momento en que comprendemos que pensar, como decía Pascal, implica que "el hombre supera infinitamente al hombre". Esta palabra (que, para mí, dicha al pasar, es el alba de la modernidad...) es de un cristiano que, como usted sabe, pensaba mucho en la grandeza divina –y que sin embargo ve en el hombre una capacidad infinita de sobrepasarse a sí mismo–. Este cristiano es también el que escribe –en oposición marcada a lo que decían otros de su tiempo–: "La religión judía es absolutamente divina en su autoridad, en su duración, en su perpetuidad, en su moral, en su conducta, en su doctrina, en sus efectos, etc.". Yo diría, como lo hace Pascal en otros textos, que el carácter divino de la Ley judía la hace escapar del simple y seco rigor formal de eso que llamamos Ley. Los dioses en general tienen preceptos, voluntades, exigencias. El Dios judío es él mismo la Ley, es decir, precisamente el llamado a una superación o una elevación infinita. Esta Ley no es regla sino llamado, y este llamado es al mismo tiempo una orden, ya que la llamada no se discute: no está sujeta a examen, verificación, revisión, como lo está toda ley humana. Es incondicional y lo es precisamente más allá de toda la condición a la que llama.

En algún lado, Levinas dice que se trata de una trascendencia sin idolatría. Es notable que todo el mundo parece comprender bien el rechazo de la idolatría, al mismo tiempo que se desconfía de la trascendencia, cuyo sentido debe ser el de liberarla de la idolatría. Hay allí un desacuerdo íntimo de los europeos con ellos mismos.

Nietzsche prolonga a Pascal cuando escribe: "¿Qué le debe Europa a los judíos? Muchas cosas, buenas y malas, y ante todo una cosa que es, a la vez, lo mejor y lo peor: lo grandioso en la moral, la temible majestad de las reivindicaciones infinitas, el sentido de los 'valores' infinitos, todo el romanticismo y todo lo sublime de los enigmas morales". Otra vez es el infinito y es en torno a él que todo se juega. Yo habría podido, en mi libro, hablar de una disputa interna de Occidente en torno al infinito, que es su espíritu, si se lo puede llamar así. Disputa entre el infinito interminable e indefinido de las acumulaciones o las numeraciones del infinito actual que es exceso en sí y sobre sí, aquel del que la obra de arte, el amor o el pensamiento, tanto matemático como metafísico, son modos ejemplares. Discordia entre el capitalismo y el "tesoro infinito", del que habla Bousset acerca de Dios, igual que el Corán habla de su "liberalidad infinita". Quiero decir que el triple monoteísmo –igual que el monologoteísmo griego y la autonomía tecno-jurídica de Roma– abre a Occidente la contradicción interna entre dos infinitos. Es también la contradicción entre la exigencia de lo *mono* y de lo *auto* –el ser en sí por sí solo– y su inanidad, ya que el "sí" no deja de excederse o de ser excedido por su propio impulso (de obra, de amor, de deseo, de pensamiento).

Esta contradicción no se juega simplemente entre el "judío" y el "grecorromano", como mi libro podría llegar a hacer creer. Se juega también y ya, si podemos expresarlo de ese modo, en el interior de cada uno de esos dos lados. El judaísmo está totalmente atravesado por una oposición entre profecía y realeza, es decir, entre la llamada y la autosuficiencia, del mismo modo que lo greco-romano está atravesado por una oposición que se podría resumir en la contradicción "autonomía-autocracia" (que, como usted se dará cuenta, podría llegar a dar muchos desarrollos políticos, económicos y tecnonómicos).

Para terminar la respuesta: existieron muchas configuraciones y períodos en los que la contradicción occidental se equilibró sobre sí misma, logrando mantener cierta discreción. Parece que entre los siglos XVI y XVIII hubo una posibilidad de reconfigurar, incluso de superar, la oposición: por ejemplo, con Mir Damad en Irán, Spinoza, Vico o Diderot en Europa, y Kant como figura muy destacada en ese sentido, pero en quien la contradicción se acelera de nuevo, en términos de "progreso" y "absoluto". Hoy, el progreso parece haber perdido todo sentido, y el absoluto toda dignidad. No solamente resurge el antisemitismo, intacto y como testigo de viejos fantasmas, sino que tomó alturas suplementarias desarrolladas por los efectos de los fundamentalismos musulmanes, de un lado, y del otro, por la posición geopolítica de Israel y de una cierta radicalización judaica, a la que podemos considerar como extranjera al judaísmo.

Esto se acompaña de brotes fundamentalistas renovados en India, en Japón, en los aires de expansión "evangélica", o en los integrismos católicos y ortodoxos. Lo más arcaico parece reivindicar el rol de los arquetipos desaparecidos, que tuvieron por nombre "Dios" o "Razón".

La "civilización" se vuelve un complejo de contradicciones abiertas, profundas, sangrientas e intoxicadas. La filosofía mucho se ha adentrado en el pensamiento y la experiencia de nuestra contradicción. Pero todavía adeuda comprender la envergadura de lo que nos ocurre.

D. C.-L.: *Solo una precisión: yo no dije que representaba al pueblo judío como testigo de la Ley. No usé la palabra "testigo", que es la que usa Agustín cuando habla de los judíos y de la necesidad de que el cristianismo, precisamente, ocupe la figura del testigo. Quise decir que el pueblo judío es el pueblo de la Ley, y la trascendencia de la que hablo es humana: es una Ley que no está en el cielo, que está al alcance de la mano y de la boca. Levinas escribió un texto llamado "Amar la Torá más que* a Dios": dice que la preocupación primera del pueblo judío es el respeto de la Ley, y no una trascendencia que, por definición, es impensable e irrepresentable. Es todo el sentido de la exégesis y de la tradición talmúdica. No se comenta a Dios; no se plantea el problema de su esencia ni de su existencia. Se comenta y se interpreta la Ley –Ley oral y Ley escrita– aquí y ahora, fuera de toda trascendencia.

Vuelvo a mi pregunta anterior. Usted es considerado como un pensador de la deconstrucción que no cede en nada en torno a la cuestión del sentido. De libro en libro, mantiene el lazo entre el sentido del mundo y el sentido del hombre y de la comunidad, a través de problemáticas muy diversas, más allá del agotamiento del sentido sobre el que ha reflexionado mucho. ¿Cómo llegó a la cuestión del antisemitismo, que usted no abordó, por ejemplo, en Deconstrucción del cristianismo o en libros más políticos? Pocos filósofos han tenido el coraje de ponerse a prueba frente a esta cuestión, deconstruirla de algún modo.

J.-L. N.: Sobre su primera pregunta, estoy de acuerdo en todo, pero no usaría de ningún modo la palabra "testigo" en ese sentido. Yo quería decir que "judío" es una palabra que muestra, que señala la Ley. Que es –por supuesto, podríamos discutir aún más sobre este asunto– irrepresentable, de alguna manera impensable, y por lo tanto, trascendente. Hay aquí, para seguir pensando entre nosotros, muchas cuestiones en torno al vocabulario.

Acerca de su última pregunta: abordé el tema del antisemitismo cuando, en los libros a los que usted hace alusión, indiqué que el cristianismo culpaba a los judíos de afirmar que él mismo, el propio cristianismo, traicionaba o renegaba de su origen mezclándose en el mundo. Pero es cierto que yo no percibía la profundidad a la que había que llegar. No es un asunto de coraje. Es más bien un asunto de saturación histórica. Hoy, ya todo está maduro. ¡Es solo cuestión de querer verlo!

2.
Antijudaísmo y antisemitismo

DANIELLE COHEN-LEVINAS: *¿Qué reacciones* le suscita la expresión "antijudaísmo", antes que "antisemitismo", o incluso anti-judaísmo con un guion entre "anti" y "judaísmo"? ¿Hay un sentido y un significado filosófico en hablar de antijudaísmo y la historia de la filosofía viene a reforzar ese sentido o, al contrario, lo oscurece, lo contraría, lo complejiza?*

JEAN-LUC NANCY: Confieso no estar tan preparado acerca de los usos y la historia de ese término. Comprendo que designa una hostilidad específica hacia la religión judía, y debería por lo tanto distinguirse del antisemitismo que apunta al pueblo judío. Tocamos un debate mil veces tratado sobre la posibilidad de distinguir pueblo de religión, en el caso de los judíos, pero tal vez también en otros casos (por ejemplo los coptos, o más en general, las religiones

---

*   Entrevista inédita realizada en noviembre de 2018.

específicamente ligadas a un pueblo y/o una nación, lo que introduce otras dificultades...). Un antijudaísmo, si eso existe, sería completamente diferente del antisemitismo y supondría una plena independencia de la religión. Es cierto, están los casos de los conversos. Pero no estoy seguro de que un converso –o más bien un convertido (pienso en un caso concreto que conocí)– se vuelva "judío" o "judía" de alguna manera más que religiosa. Eso se debería, si no estoy equivocado, a la manera en la que el pueblo judío enlaza su historia con la religión y viceversa.

Habría que hablar también del antijudaísmo de ciertos judíos, que podrían ser los únicos en apuntar a la religión de un modo bien claro, pero me parece que no es un fenómeno mayor (incluso si podemos considerar a Spinoza como uno de sus representantes).

No tengo la competencia como para ir más allá en los análisis que se impondrían en muchas direcciones para comprender esa palabra –antijudaísmo– que me parece creada para desviar la atención de "antisemitismo". Por otra parte, una pequeña observación es posible y quizá significativa: usted escribió esa palabra con un guion. Ahora, si busco en internet, esa grafía resulta muy rara. La encuentro en un coloquio cristiano de 1998, por ejemplo. Pero el año anterior, una declaración del episcopado francés procedía a una autocrítica del antijudaísmo, sin guion. El guion figura siempre en francés en el adjetivo "judeo-cristiano": ¿Quién se animaría a trazar una amalgama? La ausencia de ese trazo contribuye a proponer un significado entero y unívoco, allí donde su presencia invita a diferenciar, a descomponer. Si usted escribe anti-judaísmo, es porque tal vez quiera marcar mejor la distancia con el antisemitismo. Y, sin embargo, si nos remitimos a la percepción habitual de esos términos –que es lo que vale–, la distinción es ínfima.

El "antijudaísmo" podría ser usado para descartar la confusión de todos los semitas en el "antisemitismo" que, de hecho, nunca es usado si se trata de los otros "semitas". Pero lo bien fundado de ese concepto es discutido (fuera de la esfera lingüística). La cantidad de discusiones posibles es impresionante y, sin embargo, ningún argumento científico (o supuesto como tal) puede modificar en algo el hecho masivo de una hostilidad secular hacia los Judíos, primero en Europa (del Atlántico a los Urales), luego en torno al Mediterráneo, antes de que se extienda más lejos debido a los acontecimientos iniciados por la creación del Estado de Israel. Esta hostilidad –declarada, tematizada, ideológica y masiva– es de origen cristiano, más allá de cuál haya sido en la Antigüedad la relación de los Judíos con otros pueblos y/o naciones. No veo, pues, un alcance filosófico particular en el uso de ese término, sino en efecto la complejidad, incluso la confusión o los borramientos que es necesario investigar, y que testimonian sin dudas esfuerzos –torpes y vanos– por liberar un poco a los cristianos del antisemitismo.

D. C.-L.: Quisiera que precisemos algunas cosas que conciernen al antijudaísmo, comenzando por el propio término, que desde ya no va de suyo. Usted apunta a una ambigüedad entre dos formas que designan cada una, a su manera, un "odio" al judío. No existiría una palabra que sobra. ¿Podría usted volver sobre el derrotero de esos dos términos, cuya frontera parece difícil de establecer?

J.-L. N.: No estoy preparado para hacerlo. Es una cuestión más histórica que teórica. "Antisemitismo" fue, durante mucho tiempo, la palabra, a partir, según parece, de la invención por un periodista alemán hacia 1870: es decir, en pleno período de emergencia de pensamientos de la determinación de "razas", y de clausuras "nacional-étnicas", etc. ¿Cómo el carácter "semita" quedó restringido a los Judíos? No lo sé, pero es cierto que había otros semitas en Europa. Como sea, el antisemitismo no fue más que una palabra para bautizar, a riesgo de parecer irónico, lo que era desde hacía tiempo la hostilidad cristiana hacia los Judíos.

El antijudaísmo, como palabra, es mucho más reciente. Me parece destinada a limitar los daños pretendiendo que se trata de una oposición a la religión judía, no al pueblo. El problema es que no son tan fáciles de separar ambas cosas, incluso cuando se trata de Judíos totalmente alejados de la religión. No me detengo aquí, sería demasiado largo, pero es cierto que la autodefinición de judaísmo como religión del pueblo judío (dejemos de lado las conversiones, porque de ningún modo tienen el alcance de las que conocemos en el cristianismo, el islam, e incluso el budismo) favorece la asimilación. Como sea, "antijudaísmo" me parece labrado con dos defectos: uno, muy profundo, es el de servir de tapadera a "antisemitismo", que las persecuciones de todo orden ensuciaron en exceso; otro, más superficial, que podemos observar en todo "anti": el "anti" no se sostiene nunca por sí mismo, es evidente; siempre tenemos que preguntarnos de qué "pro" proviene ese "anti".

¿En nombre de qué nos opondríamos a la religión judía? ¿A una religión en general? Salvo cuando juega un papel abusivo o extorsionador. Nos podemos oponer al Estado de Israel, a sus políticas, e incluso a su constitución, sin ser "antijudaico". Nos podemos oponer a la República Islámica de Irán, en tanto que islámica.

Yo prefiero mantenerme en el "antisemitismo", bien conocido, y sin ambigüedad.

D. C.-L.: *Cuando se habla de antijudaísmo y/o antisemitismo, ¿no debemos recordar que existe un anticristianismo que favoreció el clivaje entre el Dios de los Judíos (irrepresentable) y el Dios de los Cristianos (encarnado)?*

J.-L. N.: ¿Un anticristianismo judío? Cierto. Y compartido por otros (griegos, romanos, persas, galos, etc.; más tarde musulmanes) para quienes un Dios no podía ser un hombre. Pero es una oposición claramente religiosa. Inclusive fue violenta entre los cristianos –piense en todas las herejías, la mayor parte gira en torno a la humanidad o no de Jesús–. Yo no pienso (pero no tengo la competencia de un historiador) que eso haya acentuado el clivaje que usted señala. La irrepresentabilidad de Dios está presente en el cristianismo. El origen dice que Cristo era "la imagen invisible del Dios invisible". Es decir que, como "imagen" no es identificable ya que es un hombre, y esta afirmación (que se opone de hecho a Pablo) puede ser considerada como la buena doctrina. "Dios se quiso oculto", dice Pascal: que sea su "voluntad", se trata menos de una propiedad extraordinaria de Dios antes que, por decirlo de alguna manera, un deseo propiamente divino de retirar a "Dios" del miedo de los hombres. La encarnación no lo contradice, ya que cualquier hombre es, a la vez "la imagen de Dios", y "hermano de Cristo", dos veces divino, se podría decir.

Pienso, en cambio, que esta construcción mística y metafísica –la teología divina y mística– es de hecho una operación muy profunda que lleva, a término, a la disolución de la religión cristiana y de la puesta al día de la exigencia de donde ha surgido: colocar al hombre y al mundo en el seno del infinito de un "sentido" muy abierto, muy ausente.

En este sentido, la oposición es entre religión y "a-religión". No "ateísmo", aunque esa palabra viene siempre a sustituir algo como Dios (hombre, mundo, historia, vida), sino que el reenvío a la vez al teísmo y al ateísmo, de todas las "idolatrías" y la abertura de lo abierto.

D. C.-L.: *¿Qué papel juega lo "griego", a saber lo pagano, que se sitúa exactamente entre lo Judío y lo Cristiano?*

J.-L. N.: ¿Exactamente? Es algo que me pregunto. Es más bien el catalizador que de Juan el Bautista hace surgir a Jesús, Pablo, Pedro y Juan. Quiero decir: de una corriente interna al judaísmo, que se despega de la fuente de Israel (el pueblo, el Templo, el Reino), persiguiendo eso que se había comprometido desde los Profetas, abre la posibilidad de ese judaísmo de Jesús que es donde la cena pascual se vuelve no-conmemoración, sino efectuación de un nuevo éxodo: aquí mismo, en este mundo fuera del mundo.

Para eso, era necesario que el Griego aprenda a pensar al "Dios oculto" como otro que el mismo personaje innombrable de YHWH, como ningún otro personaje sino el hombre *theos*, lo divino más que Dios, y hacia quien trata de precipitarse: "Platón, para preparar el cristianismo", como dice Pascal. Ese Griego está decididamente opuesto a los ídolos (Platón los llama "mitos"). Demanda la "idea", la Forma verdadera. Ahora bien, la Forma es el pensamiento que la forma (la vemos formarse, digamos aquí que es lo mismo). Es la *phronésis* en el sentido de Platón: la consideración precisa, la meditación de la cosa (antes que el *nosotros* de un conocimiento). Es el pensamiento del hombre que tiende hacia esta formación, ese trazo, ese gesto. De donde la separación con la religión –al mismo tiempo que fabricación de una nueva religión de otro modo griega (y latina, bereber, egipcia, persa, gala, lo que quiera)– hace proponer la idolatría cristiana.

D. C.-L.: *Me parece que Nietzsche, que llama con fuerza al fin de la metafísica, y encuentra en Heidegger continuidades en la cuestión de la Destruktion, retoma con la muerte de Dios esta idea de la "formación", es decir una concepción de la trascendencia que ya no tiene nada que ver con la cuestión del ser, que no lo absorbe más, no lo contamina más, como es el caso en el idealismo alemán, de un Hegel, por ejemplo. Allí, la cuestión del antisemitismo se desplaza. Me gustaría escucharlo sobre este punto.*

J.-L. N.: El antijudaísmo se desplaza, sí, si usted quiere decir que la filosofía reconoce el trazo judío que ella lleva, que es la relación con un irrepresentable ajeno al "ser" comprendido como "ente (supremo y subordinado)". De ahí esa forclusión, o mejor, esa disimulación del elemento judío en Heidegger, así como del elemento cristiano: Heidegger no logra reconocer que existe allí una deuda en él, o una tradición. Y eso porque quiere, a cualquier precio, fundar lo nuevo.

De allí, al contrario, que Levinas comprenda tan bien a Heidegger, bien temprano, y de allí viene su "de otro modo que ser". También por eso, Derrida busca llevarlo hacia otra confraternidad, y Heidegger y Levinas hacia una confraternidad que podemos señalar con la expresión de "mesianidad sin mesianismo". De allí que Lyotard, al mismo tiempo, escribe *Heidegger y "los judíos"* y *Le Trait d'union*.

La "trascendencia" de la que usted habla no es menos difícil de discernir. En Levinas, se pregunta hasta dónde el "Otro" puede abandonar su mayúscula y su proyección. En Derrida podemos dudar de que "mesianidad" sea un término justo y si no sería necesario pensar sin él. Creo que, de alguna manera, estamos allí: trabajar la "trascendencia", "deconstruirla", olvidarla, trascenderla, abrirla.

D. C.-L.: *Sus trabajos dedicados al cristianismo, a su deconstrucción y a su "declosión", están sin dudas entre los más importantes de los últimos años en cuanto a las relaciones estrechas entre el registro teológico y el registro filosófico. El cristianismo ocupa un lugar fundamental, ya que parece designar una forma de presencia que habría dejado de contaminar nuestra relación con el mundo, el adentro del mundo. Esta presencia, a la vez paradójica e inconmensurable, usted la designa, me parece, con la palabra "apertura", o incluso "afuera", como una escapada sobreviviente de un cristianismo cuyo peso institucional nos había privado de este afuera que nos habla más allá de toda clausura. Esta sensibilidad creciente hacia el "más allá", o hacia el "afuera", la "apertura", designa también el carácter del judaísmo. Es un punto sobre el que usted no habla y que me parece compromete una gran parte de las fuentes judías incluidas en el cristianismo.*

J.-L. N.: Se trata, de hecho, de algo más que "fuentes". El judaísmo es ya una parte del acontecimiento por el cual la Antigüedad ha rotado. Creo que la Antigüedad egipcia se encontró con el primer cambio: para decirlo sucintamente, aquel por el que el destino de los muertos se convierte en problemático. No se sabe más dónde están, mientras que antes lo sabían, ni cuál es su suerte. Este cambio está sin dudas ligado a lo que concierne a los sacrificios humanos. Globalmente es un cambio muy profundo del régimen de la presencia: en lugar de un mundo lleno de presencias, más o menos escondidas, se forma un mundo perforado de ausencias o bien expuestas a otro (más que el) mundo. La continuidad griega del fenómeno consiste en una conjuración de la muerte: la vida humana es el único bien (la vida o el saber, la obra, la nobleza, la belleza, etc.). El desarrollo judío consiste en una devolución de la vida humana a quien la tiene en sus manos. Del lado griego, se abre entonces la experiencia de la dominación, y de la dependencia mutua de los hombres. De lado judío, se abre la experiencia de vivir en el mundo sin depender de él. El cristianismo, luego del platonismo y del profetismo, propone llevar el mundo a un afuera, incluso a *su* propio afuera, a un propio en tanto que "afuera", heterogéneo.

Esta relación con el afuera, es a la vez griego y judío: forma propiamente lo *griego-judío*: afuera infinitamente lejos e infinitamente cerca, afuera que huye más lejos, e inmediatamente abierto, afuera sin adentro, o enteramente adentro.

D. C.-L.: *¿Podemos decir que el movimiento de deconstrucción del cristianismo lleva con él lo que podríamos llamar una deconstrucción del antijudaísmo? ¿Y bajo qué condiciones?*

J.-L. N.: Por supuesto: el antijudaísmo del cristianismo resulta de su restitución como religión en tanto salía de una religión (judía); más el cristianismo se hace Templo y Reino, más persigue a los que representaban la ausencia del Templo y el Reino. Es cierto que el cristianismo permaneció él mismo dividido, y también siempre conservó su fibra profética y mesiánica, pero desplegó los recursos hasta entonces sin precedentes de una religión universal, no solamente en extensión, sino en comprensión, puesto que, en el fondo, quería unir Templo y Reino. Su antijudaísmo es un odio profundo de mí mismo a través de la imagen de lo que sé que debería haber sido.

D. C.-L.: *Sin dudas es necesario clarificar lo que distingue al antijudaísmo del antisemitismo. ¿Cómo establece esta distinción un filósofo como usted, receptivo a la cosa "religión"?*

J.-L. N.: No, no veo bien cómo distinguirlas. El antisemitismo parece más racista y el antijudaísmo más sobriamente intra-religioso, pero sobre el fondo de la cuestión ya dije lo que pensaba. Al contrario, veo con claridad lo que se mantiene aparte en torno a la cuestión del sionismo y de un "Estado judío", es decir, otro modo de volver sobre el asunto del Templo y el Reino.

D. C.-L.: *¿Cómo interpreta, después de la afirmación nietzscheana, la idea de que "Dios ha muerto"? ¿De dónde viene el anticristianismo virulento de Nietzsche? ¿Qué Dios piensa usted que murió con él? ¿El Padre y el Hijo? ¿Los dos? ¿El Dios de la metafísica?*

J.-L. N.: El Dios que murió es el metafísico-moral. Es el Dios ser supremo, creador y amo del mundo, el Dios Razón Suficiente. Es por eso que Nietzsche sabe que el cristianismo, en el fondo –o en su porvenir– es otra cosa, no es más "cristianismo", sino sentido renovado del mundo. Un mundo que no tiene su sentido ni en la inmanencia, ni en la trascendencia, pero que abre la segunda sobre la primera, y repliega la primera sobre la segunda, en un juego de formas afirmado por un "Yo te amo, eternidad". Es eso lo que Nietzsche extrae de cristianismo contra el cristianismo.

Lo digo aquí, intentando mantenerme lo más cercano a Nietzsche: no asumo hasta el límite cada una de estas palabras, o más bien, a tantas otras palabras a las que llaman.

Pero otra vez, dejemos ahí al señor Nietzsche, y con él al señor Jesucristo.

A mí me gustaría que aprendiéramos a pensar (a actuar) sin referencias: ¿qué nos importa el cristianismo, el judaísmo, el islam, Nietzsche y quién sea, si no se trata de "cantar un canto nuevo"? Y es exactamente eso que cada uno ha hecho en su tiempo, cada uno, David, Jesús, Mahoma, Eckhart, Nietzsche. ¡Cantemos de nuevo! Es verdad, la filosofía siempre quiere mostrar el sentido del sentido. Pero es también la escuela de su *epekeina tès philosophias*.

D. C.-L.: *El modo en que usted religa la figura de Nietzsche a la de Jesucristo es extraordinario e inesperado. Son indisociables, y su indisociabilidad parece jugar simultáneamente a favor y en contra del cristianismo. Quisiera volver otra vez a su desconfianza bastante radical hacia la expresión antijudaísmo. ¿Podría explicitar esa desconfianza, yo diría incluso una cierta molestia, como si en el fondo se buscara ocultar o minimizar la presencia tenaz del antisemitismo a través de la historia de Occidente? Por otra parte, tuve muchas veces la ocasión, durante nuestras discusiones sobre el antisemitismo, de constatar que usted tiene sobre esta cuestión neurálgica una mirada muy precisa y muy informada en el plano teológico-histórico.*

J.-L. N.: Primero, quisiera insistir sobre la inutilidad e, incluso, el peligro de la palabra "antijudaísmo", ya que yo mismo tuve la posibilidad de comprobar varias veces mis sospechas. Hace falta una sola palabra, ya que es una sola cosa. Se estableció "antisemitismo", mala suerte. Pero no busquemos edulcorarlo. Los Judíos son, para los Cristianos, a la vez pueblo y confesión. Ahora bien, todo proviene del cristianismo, incluso eso que ataca lo "judeo-cristiano", ya que se le apunta al cristianismo en tanto que Judío, precisamente. Así en el nazismo: lo que es apuntado, por decirlo rápidamente, es la condena de los ídolos. Es decir, de la presentificación de lo divino, mientras que se pretende justamente presentar lo absoluto o lo trascendente.

En efecto, quiero profundizar el análisis de la naturaleza enteramente cristiana del antisemitismo. Pero cristiana en un sentido en que el cristianismo se divide contra sí mismo. Estoy entusiasmado con el texto de Pierre Gisel sobre el "marcionismo"* recurrente del cristianismo, ya que explica bien una división interna, congénita en este: en tanto que judío, el cristianismo no es suficientemente "sí mismo", pero en tanto que no judío debe rechazar lo judío en sí mismo.

Existe, tal vez, una dificultad propia en el cristianismo para ser propiamente sí mismo, de allí que se auto-deconstruye.

---

* P. Gisel, "Antijudaïsme dans le christianisme. Une récurrence inavouée de marcionisme : qu'en penser et qu'en faire?", *L'Antijudaïsme à l'épreuve de la philosophie et de la théologie*, D. Cohen-Levinas, A. Guggenheim (dir.), París, Éditions du Seuil, 2016, pp. 191-209.

Quizá proviene de la universalidad: ¿cómo ser propiamente *kata holon*, según el todo? Los protestantes, en relación a este tema, son siempre católicos, salvo cuando se reidentifican en una Iglesia propia, una en la que cada miembro puede decir de manera clara "mi Iglesia"; una que tiene su nombre, o su pastor, o su territorio. ¿Es posible una religión universal si la observancia, que es el alma de la religión, pide ser compartida para reconocerse ella misma? (Quizás hay religión desde el momento en que hay tradición observada, ¿y sería de allí que se habrá tomado la falsa etimología de "religar"= religare?)

D. C.-L.: *¿Usted dice que existe una contradicción entre, de un lado, religión, y del otro, universalidad?*

J.-L. N.: Si hay contradicción entre religión y universalidad –que sin lugar a dudas amerita otras consideraciones, que vendrán después– no es sorprendente que el cristianismo termine saliendo de su propia religión, que por otra parte siempre fue más o menos particularizada en sus modalidades reales.

Lo hace de dos maneras. Por una parte, vacía su universal de las figuras que antes había adjuntado, primero (y únicamente) la de Cristo. Se convierte en lo sin-figura de otro pasamanos infinito (nuestra condición presente, con todas sus ambivalencias y enigmas). Y, de otra parte, quiere, pese a todo, afirmarse como religión universal, lo que significa fundación propia y autónoma. Nos reencontramos con los rasgos de un marcianismo: un Dios decididamente otro, una fundación estrictamente propia. Podríamos decir: una subjetivación integral que es como el reverso o el anverso exacto del otro pasamanos de sí.

Este segundo aspecto exige un rechazo de toda tradición a partir de otra instauración. El cristianismo no debe ser judío, además el judaísmo debe ser falso y peligroso. La condena paulina de la "Ley", y la confrontación de Pablo y Juan, ilustran bien el doble movimiento que dilata el cristianismo naciente. Aquí también dejo para otra ocasión el análisis correspondiente.

El judaísmo no debe solamente ser negado en tanto procedencia. Hay que negar también eso que proviene de él. Y esto tiene dos aspectos: o bien el cristianismo perpetúa un rasgo judío, o bien lo traiciona pretendiendo mantenerlo.

El primer caso es el de la alianza: ese rasgo mayor del judaísmo se convierte en cristiano al volverse universal. El pueblo de Dios es la humanidad. Lo que no permite que un pueblo particular sea el "elegido". Hay, pues, una contradicción entre la elección de Israel y su verdad dialectizada. Dicho de otro modo, una contradicción entre Judío y Cristiano, si el segundo no puede o no quiere considerarse como una transformación o como una reformulación del primero.

Cuando se reforme con Lutero, el cristianismo se apoyará, a favor y en contra, en la forma enteramente identificada, sobreidentificada inclusive, que tomó. Pero cuando surgió, no estaba identificada. Quizás haya un déficit esencial de identidad en el hecho o el fenómeno cristiano: ni judío, ni romano, ni griego, ni religión, ni filosofía, ni ciudad.

D. C.-L.: *Si no es ni judío, ni romano, ni griego, ni filosofía, ni ciudad, ¿qué es entonces? Y sobre todo, ¿en qué se convierte, a dónde va? ¿Cuál es su identidad propia, su realidad histórica?*

J.-L. N.: De hecho, se convierte en otra cosa: un mundo o una civilización. Ese mundo se divide rápido entre Oriente y Occidente. En Oriente se produce otro mundo, el del islam. A través de esos tres mundos –culturas, civilizaciones– circula un mismo tema: eso que se ha llamado "monoteísmo", que corresponde de hecho a una refundación antropológica. La relación con lo divino pasa de la presencia a la ausencia, y de lo finito a lo infinito.

La alianza con lo infinito ausente no es más una alianza, es una salvación. La salvación (cristiana o musulmana) termina por borrar la alianza. En el fondo, se trata de un conflicto o de una confusión entre buen y mal infinito, entre actual y virtual. Cristianismo e islam están interiormente atravesados por eso, mientras que el judaísmo se preserva precisamente gracias a la alianza. Hay allí una seguridad insoportable para los demás.

Segundo caso: el de la traición. Es lo que da al antijudaísmo el filo agresivo, hasta la muerte que produce el "antisemitismo", si seguimos con la distinción entre ambos términos.

D. C.-L.: *¿Esta traición es responsable de un principio que funda una diferencia?*

J.-L. N.: La traición es la del principio de la diferencia entre la relación con Dios –la alianza precisamente– y la relación con otra autoridad humana. El rasgo distintivo del judaísmo le fue dado a través de los profetas como el de una heterogeneidad entre la alianza y el reino. De esta disposición proceden los movimientos internos al judaísmo que conducen al cristianismo. Este se funda en la separación de "reinos" o de "ciudades". Rápidamente se vuelve hacia la tutela del reino de mundo (de su ciudad, de su imperio). Esa traición consigo mismo vuelve insoportable los testimonios vivos que son los Judíos sin Reino y sin Templo.

Este tema del odio de sí vuelto contra el otro encuentra más tarde (digamos en el Renacimiento, después de las Cruzadas, ambos ligados a una Europa conquistadora) una fuerza creciente en la relación con el poder en su forma monetaria. El Judío, ya dejado de lado (salvo algunas excepciones) de la propiedad agraria, se vuelve un agente designado por la práctica pecaminosa del comercio del dinero. Shylock es la primera figura de la larga línea de *El judío Süss* y de *Los protocolos de los sabios de Sion*. Y, también allí, se trata del bien y del mal infinito.

Los rasgos mencionados no conciernen solo a la religión: es la civilización europea la que se diseña.

La Europa cristiana está lejos de designar una cualidad particular y provisoria de Europa y de su expansión occidental: el cristianismo es un suelo, incluso una sustancia vital. Una cultura entera lleva en ella la necesidad de denunciar una amenaza o una suciedad interna –precisamente porque ella se sabe privada de pureza: su origen sigue siéndole oscuro, representado como llegada del infinito en lo finito–. Para el "mal" infinito se inventa una figura: la del Judío errante, cara maldita de la bendición humanista y capitalista.

Un paso más, y se extermina al errante. Entonces se suprime así eso de él que vivía en el cristianismo: la no-fundación, la no-pertenencia al mundo, la apertura en el mundo del infinito en acto. El antisemitismo nazi es al mismo tiempo anticristiano: no conoce más que la buena conciencia o, lo que es lo mismo, el puro fantasma. Pero ese anticristiano se había incubado en el seno del cristianismo.

3.
La filosofía puesta a prueba

Danielle Cohen-Levinas: *Usted insistió muchas veces sobre un punto importante:* no hay que dejarse engañar, el antijudaísmo es también antisemitismo. Volveremos sobre la cuestión neurálgica del cristianismo, en la que trabajó mucho estos últimos años. Antes, me gustaría preguntarle ¿qué cambió para usted con la publicación de los* Cuadernos Negros *de Heidegger, en torno a la relación entre filosofía y antisemitismo, y más específicamente sobre la obra de Heidegger, de la que se puede decir que es un destacado lector e intérprete? Esta cuestión me parece aún más importante teniendo en cuenta que usted publicó* Banalidad de Heidegger. *Vuelvo rápidamente sobre lo que escribió con coraje, sin la menor complacencia: "Hay que afrontar lo que recubre esta banalidad horrible. No solamente en Heidegger, sino en todas partes".*

*   Entrevista realizada en abril de 2016.

Jean-Luc Nancy: Al escribir "en todas partes", quería primero remarcar que Heidegger no es el único intelectual antisemita. En el libro que usted menciona señalé, por ejemplo, el antisemitismo de Husserl, evidentemente bastante "espectacular" al lado del de Heidegger. La introyección del odio antisemita como odio de sí fue nombrada, primero, por Theodor Lessing. Podríamos largamente detenernos sobre ella, ya que es, en el fondo, la forma más insidiosa de un envenenamiento general de la conciencia europea, y especialmente de eso que Heidegger considera como la forma realizada de la destrucción en marcha en Occidente: la aniquilación de los Judíos por los Judíos. Me ocurrió también considerar el antisemitismo de Blanchot, no solamente bajo la forma escalonada de los años treinta, sino en una forma extremadamente sutil (apenas calificable de antisemitismo de tan delicada) en el seno de *La comunidad inconfesable* (sé que algunos no soportan esta afirmación, pero no puedo hacer nada). Me detengo en esos dos ejemplos, pero podríamos extender la recolección hasta hoy, por supuesto.

Lo importante no es acumular casos que se mantendrían como casos, de los cuales Heidegger sería el más espantoso. Lo importante es llegar a detectar la fuente del veneno y de su virulencia. Los Judíos –o el Judío/la Judía (nótese qué importante es nombrar los dos sexos en este contexto; la mujer judía, su belleza y su pureza son también ingredientes de este veneno)– están cargados también de un vicio congénito, de una falla mayor y del odio que responde desde que han dado nacimiento al cristianismo. Este último, para contentarme aquí con un breve resumen, primero quiso mantener al margen su propia genealogía: quería comenzar por él mismo. Gesto griego y no judío, podría decirse. El marcionismo no es más que la forma más prominente de ese deseo profundo de concepción virginal, no solo de Cristo, sino del cristianismo. La fuente de esto, la archi-fuente, se encuentra en el hecho mismo del "monoteísmo, que introduce un pensamiento del hombre intrínsecamente culpable o caído –pensamiento que está ligado al infinito al mismo tiempo que abierto al hombre (la promesa a Abraham de una descendencia innumerable)–. Como dijo George Steiner (cito de memoria): los Judíos pagan la invención de un Dios único. No porque es único, sino porque hace de la relación con lo divino algo inconmensurable con las relaciones de las piedades llamadas paganas.

Ahora bien, todo eso –que resumo aquí al extremo– procede de una profundidad tal y de una energía tal (es una mutación antropológica completa) de la que se desprende la energía suficiente para: 1) mantener al pueblo de Israel como tal hasta la dispersión y la inconclusión extrema en medio de los *goyim*; 2) suscitar en un mundo completamente cristianizado un rechazo tan durable y tan estructurado como el propio cristianismo y también como los rechazos democráticos, humanistas y cientificistas (evolución, razas, etcétera).

Dicho de otro modo: el antisemitismo es nuestro veneno, es tan venenoso como nuestro cristianismo, nuestra democracia, nuestra ciencia cuando se presentan como triunfantes. No es con socios antirracistas que nos libraremos de eso. Como tampoco amalgamando la cuestión del antisemitismo con el problema actual del Estado de Israel (Israel, entre tanto, tiene también una parte de su origen en el antisemitismo).

D. C.-L.: *Otro asunto me tiene preocupada. (¡Y fue usted quien me sugirió la idea, que me pareció muy interesante!). La planteo exactamente en los mismos términos en los que usted la formuló. Es más un comentario que una pregunta: "Nosotros tendríamos que obligarnos a imaginar y escribir un texto de Levinas y uno de Derrida, habiendo cada uno leído los Cuadernos negros de Heidegger".*

¿Podríamos intentar aquí ese mismo esfuerzo de pensamiento, que no es un puro ejercicio retórico o académico, sino que compromete a la filosofía francesa en lo que tiene de más esencial?

J.-L. N.: Fui muy imprudente al pronunciar esa frase. Pero lo pienso así, verdaderamente. Pues, lancemos una llamada a recibir contribuciones. Y primero, intentaré cumplir.

Levinas diría: "Dije que Heidegger es imperdonable. ¿Qué hace falta agregar? Estaría tentado de agregar el desprecio. Pero también dije que el desprecio del otro es imperdonable: eso rechaza esa tentación. Lo imperdonable es, de alguna manera, también impronunciable. Agrego que de Heidegger aprendí a descubrir la existencia. Y no lo olvido".

Derrida diría: "Levinas escribió que Heidegger es imperdonable. Por mi parte digo que solo se puede perdonar lo imperdonable. Pero agrego que ese perdón es propiamente imposible. No por demasiado difícil, no por imposible de tomar, sino por no pertenecer a lo posible. Es decir que no se reduce a una forma de supresión, y todavía menos de reconciliación. Diría que, al contrario, es necesario revisar sin concesión el 'espíritu' heideggeriano que aúna antisemitismo vulgar y pensamiento refinado del 'ser'. Hasta sus raíces, como él diría, y más profundo todavía, como él no llegó a sospecharlo".

Y además, pienso en Arendt. Pero no intentaré hacerla hablar. La escucharía llorar.

D. C.-L.: *¡Arendt en lágrimas leyendo los* Cuadernos negros! *Tiene razón, no intentemos hacerla hablar. Ya que usted habla de lo imperdonable y del perdón propiamente imposible, me gustaría volver sobre eso que podríamos llamar la culpa del cristianismo. Recordamos el mensaje del papa Juan Pablo II, pidiendo perdón por la actitud de los cristianos hacia los Judíos, por las persecuciones y los sufrimientos infringidos a los Judíos a lo largo de* la historia. *Eso fue el 12 de marzo de 2000. También la declaración Nostra Aetate del Concilio Vaticano II, que invierte completamente el lugar común según el cual los Judíos son el pueblo deicida, que tiene la completa responsabilidad de la muerte de Jesús, que era Judío. Habría mucho para decir sobre todos estos asuntos, comenzando por la posición emblemática de Pablo y más tarde Lutero en Alemania.*

Usted invita a revisar sin concesión el espíritu heideggeriano. ¿Ese espíritu no surge de las fuentes del cristianismo? ¿No hay allí, en la propia historia del cristianismo, una suerte de "semilla" de veneno que no ha sido todavía erradicada?

J.-L. N.: Por supuesto. Las disposiciones de la Iglesia cambian solo una disposición moral: persisten en recordar que los Judíos no han recibido el mensaje crístico (está claro en *Nostra Aetate*), a la vez que se pregunta por qué pedir perdón por las persecuciones si no se denuncia su principio espiritual. Se lleva a cabo un arrepentimiento por los errores, pero se trata de disposiciones fundacionales.

Dicho esto, no se puede esperar nada de las Iglesias –romana, reformada, autocéfalas u otras– en la medida en que sus historias institucionales han estado profundamente ligadas a todos los sistemas de dominación sociales y políticos. No rechazo las aperturas y cambios que se producen bajo la presión de lo que cambia en el mundo pero, al fin de cuentas, lo esencial está en otra parte (esto puede valer para tal o cual comunidad judía o budista, obviamente).

Lo esencial está en el tema del envenenamiento. Desde el siglo XVIII, al menos, la Europa intelectual, después revolucionaria, consideró al cristianismo como una enfermedad, un envenenamiento o una infección –llegando a contaminar a los propios Judíos, como Marx afirma, por ejemplo–. Y los cristianos habían casi de entrada designado al judaísmo como enfermedad o como sufrimiento de un vicio profundo del alma. El principio del vicio consistía en la incapacidad de reconocer la divinidad de Jesús, que Jesús era el verdadero Mesías. Así, la expectativa de los cristianos –los más suaves– era la conversión de los Judíos. Su forma última es sin duda la "eutanasia" soñada por Kant, como una muerte-resurrección del judaísmo convertida en religión de la razón, que, dicho al pasar, es totalmente elocuente: no es al cristianismo sino al judaísmo al que Kant reconoce capaz de tal mutación.

¿Por qué persiste este patrón? Es extraño, toda una sociedad o una cultura que en sus pensadores rechaza como la peste –¡o como al diablo!– a la religión que, más o menos, durante doce siglos estructuró profundamente toda la "civilización europea", abriendo también las vías de su progreso en el saber, la técnica, la economía y la política, abriendo finalmente la vía de la modernidad entera y su "secularización".

Esta extrañeza se debe precisamente a que el cristianismo estaba dispuesto a "secularizarse", a "laicizarse", o a "deconstruirse" (aquí no hago diferencia entre los términos). Es "la religión de la salida de la religión" (Gauchet), eso, creo, es hoy reconocido. ¿Qué significa? Que había en él, de entrada, otra cosa más que una religión. Había una relación con lo infinito, o bien una puesta en condición de infinito (es decir bajo incondicionalidad) que correspondía a una enorme mutación de la civilización.

Ahora bien, esta "salida de la religión" venía a la vez de Grecia (por la emergencia del *logos*) y de los Judíos, por la emergencia de rechazo del sacrificio (piensen por ejemplo en el Salmo 40: "Las ofrendas y los sacrificios no te agradan; tú no pides holocaustos ni ofrendas de expiación"). ¿No está eso en el corazón del judaísmo? ¿Y no va hasta hacer pasar al Judío del estudio del libro santo al pensamiento del mundo?

Hay en el conjunto judío-cristiano un elemento de desestabilización permanente de todo orden heredado, de toda pertenencia constituida. Por supuesto, el cristianismo ha sido capaz de mezclar la instalación de la religión más orgánica, la más dominante, e íntimamente asociada, como he dicho, a todos los poderes (político, cognitivo, económico). El veneno es pues doble: por un lado, es lo que desestabiliza el mundo (la riqueza, el poder, el orgullo del hombre...) y, por otro, es lo que se sobreestabiliza en sí mismo como potencia absoluta sobre las almas y los cuerpos.

El antisemitismo pertenece al segundo aspecto, y quiere rechazar eso precisamente para dar testimonio del abandono del primer rasgo. Yo lo señalé en otro lugar: el antisemitismo se acentúa mucho con las Cruzadas, después con Lutero. ¿Por qué? Porque en las dos circunstancias el cristianismo comienza lazos novedosos con los poderes humanos. Los Judíos les resultan entonces como un recuerdo amargo de eso que los cristianos traicionan: la separación entre cielo y tierra, entre profeta y rey, entre dos Jerusalén y, para terminar, entre dos representaciones del Mesías: aquel que rehace el reino, y aquel que lo funda en otra parte y de otro modo.

Hay, en el corazón de todo esto, un detestarse a uno mismo. Agreguen que nuestra cultura afirma también el detestar el dinero, del comercio, del capitalismo (que es la extrapolación experiencial de la usura): lo que es detestado toma la figura del Judío para endosar todo lo que despreciamos de nosotros mismos. "Erradicar" eso, como usted quiere, no es posible que a partir de una erradicación de nosotros mismos, de un cierto "sujeto" de Occidente, o como Occidente.

Añado, al pasar, que no es sorprendente que un tema oriental/occidental esté ligado a toda esta historia, y eso desde la Antigüedad grecorromana, después judeo-cristiana y cristo-cristiana, más tarde islamo-cristiana. Pero esta es otra historia.

En cuanto a Heidegger en todo esto, me permito, para no abundar, remitir al "Suplemento" de mi libro *Banalidad de Heidegger*. Se encuentra en la página "Strass de la philosophie" en Internet, o también en el sitio de la editorial Galilée.

D. C.-L.: *Ahora, si usted me permite, tomo nota de un tema en su "Suplemento" a* Banalidad de Heidegger, *el de la equivocidad, más exactamente, la equivocidad de la voluntad de la voluntad, que responde a la equivocidad de la metafísica. Nada menos que la equivocidad del ente y del ser –el sentido del ser siendo unívoco, caracterizando la falsificación del envío del destino–. El antisemitismo de Heidegger no escaparía a la univocidad cristiana, él, que combate tanto al judaísmo como al cristianismo. Es vertiginosa la manera en la que se opera, para usted, el pasaje de la univocidad cristiana a la equivocidad metafísica.*

J.-L. N.: Buena pregunta. Es precisamente la pregunta que Heidegger no responde. Ahora bien, o el pasaje a la univocacidad metafísica es ya platónica, entonces no es de inicio cristiana, o bien es ya judía (puesto que el cristianismo es judío o lleva lo judío en él) y entonces de nuevo no es inicialmente cristiana. Pero, en los dos casos, la razón o el origen del pasaje permanece oscuro. La única solución:

ese pasaje está dado o tendido en el propio envío del ser (o como su olvido).

Entonces, al mismo tiempo que Platón inaugura la metafísica (la entidad del ser), también el judeo-cristianismo reinaugura o bien refuerza (agrava) esta metafísica. Pero si se admite que Platón es, de algún modo, un bloque (*orthotès*, reificación de la Idea, etc., lo que sería, por otra parte, discutible) debemos constatar que el judeo-cristianismo no lo es. Hay dos momentos o aspectos. Heidegger dice: el Judío es el destructor, y él dice: el cristianismo podría haber sido una (otra) univocidad, pero se extravió a sí mismo. Debemos entonces constatar: hubo allí una diferencia entre un lado destructor, y otro que escapaba a la destrucción. Este segundo aspecto se perdió, y sin embargo claramente designó, aisló, y rechazó el lado destructor, no sin, al mismo tiempo, volverse enteramente al servicio de la destrucción.

Dicho de otro modo, del lago griego y del lado cristiano, es idéntico: hubo una eliminación. De los presocráticos en Platón, de los Judíos por los cristianos. Ambas eliminaciones tienen un sentido inverso: la primera elimina un acceso a "ser" (poco importa aquí que más tarde Heidegger lo haya reenviado incluso hacia antes de los Presocráticos) y la segunda elimina la destrucción. La primera actúa en nombre del saber, la segunda en nombre de la salvación. Saber y salvación son las dos caras de la metafísica. Del lado del pensamiento, la univocidad consiste en (re)encontrar "ser". Del lado del querer, del deseo, o de la fuerza (como queramos llamarlo, está todo en los textos) la univocidad consiste en destruir la destrucción, es decir el destructor, ya que es necesario un agente o un actor: el Judío es otro que el *logos*, tal vez esencialmente porque es un agente, no un concepto. ¿Llegaremos hasta imaginar a Heidegger considerar al *logos*, fugitivamente, como el *logos* griego convertido en agente, el contra-agente de los Judíos?

D. C.-L.: *¿Por qué, según usted, esto es así, como si el logos estuviera confrontado a sus propias debilidades o límites?*

J.-L. N.: ¿Por qué es así? Tal vez porque el *logos*, precisamente, es sin fuerza (o lo parece). Instala el equívoco entre el ser y el ente, instala el "sujeto" y todas las formas del retorno a sí y en sí. Todo esto implica una violencia (*Gewalt*) que, de un lado, se distingue de la "fuerza de cuestionar" (*Kraft des Fragens*) y, del otro, demanda su agente: allí se encuentra todo en el Judío. El Judío, en tanto miembro de un pueblo (es decir, en tanto Pueblo) proporciona lo que le falta al *logos*. Nombra la anónima presencia del olvido destructor.

No quiero demorarme demasiado aquí en este tema. Me detengo señalando que este recurso está "totalmente encontrado" porque arrastra el antisemitismo desde el comienzo. Heidegger lo recoge de la calle, en los "Protocolos", y hasta en las cenizas de Auschwitz, con un gesto casi de sonámbulo. Pero rechaza claramente buscar otro actor, otro Judío, que, por ejemplo, habría muerto en la cruz. Nietzsche era menos simplista.

4.
¿Qué hacer con el odio a los Judíos?

Danielle Cohen-Levinas: *Como resultado de una reflexión sobre el antisemitismo que usted desarrolla desde hace años,* me parece que permanecen abiertas muchas preguntas, como una herida abierta. Sus trabajos nos ayudan a pensar ese impensable, ese "odio" que usted atribuye a Occidente.*

En mayo de 2018, en una entrevista en Akadem con Ruben Honigman, usted intenta responder a esta difícil verdad: ¿Por qué Occidente odia a los judíos? Y usted responde, en referencia a la distinción radical entre la ley de Atenas y la ley del Sinaí, que los filósofos judeo-alemanes, en particular Léo Strauss, han comentado largamente ese rechazo. Yo le planteo de nuevo la misma pregunta, ya que, desde entonces, este odio se volvió cada día más vibrante en sus malas pasiones, y más palpable. ¿Qué hacer con ese odio?

---

* Entrevista realizada en junio de 2019.

Jean-Luc Nancy: De hecho, el antisemitismo persiste, insiste, resiste a todas las críticas y a todos los oprobios. Encontró un nuevo alimento en la política del Estado de Israel, pero no es más que un aporte al mismo viejo odio. Eso tiene tanto alcance que, inclusive, se adjunta un nuevo fenómeno que no trata sobre el odio (o que parece no tratarse de eso), sino de una precipitación para condenar a Occidente por todo su intento de dominación del mundo –colonial, conquistador, asimilador, etc.–, de tal modo que se apresura a integrar al antisemitismo a ese conjunto y a retirarle así su especificidad. Es el caso ejemplar de un libro reciente de Jean-Loup Amselle (del que François Warin llevó a cabo un muy justo análisis). Con el pretexto de que los campos coloniales pudieron servir de modelo a los campos de exterminio nazi, se borran las diferencias específicas de una persecución que comenzó dieciséis siglos antes de la colonización. Es extraño.

D. C.-L.: *¿Qué explicación podemos dar a este análisis?*

J.-L. N.: Eso muestra que hay en el antisemitismo algo de molesto que podría impedir el tranquilo marchitar de Occidente. ¿Qué entonces? Que quizá sea mucho más complicado analizar una contradicción íntima del llamado Occidente que imputarle una gran maldad. De hecho, es eso lo que pasa habitualmente con el capitalismo (ya no hablo aquí del libro antes mencionado). Nos importa tanto denunciarlo como el enemigo que olvidamos eso que para Marx era "su prestación histórica": el despliegue de una técnica productiva con resultados impresionantes, de los que Marx esperaba que la revolución redistribuyera entre todos esos productos.

Dicho de otro modo, olvidamos que así fue indisociablemente el éxito del progreso moderno. Entonces nos apresuramos a condenar al villano Occidente, y no reparamos en ese detalle del antisemitismo orgánico (es decir, visceral), de la misma manera, por cierto, que se dejan de lado otros análisis como el lugar de Roma, el de la Reforma, etcétera.

Me parece que hay allí una confirmación del carácter empedernido o duro del antisemitismo: ya ni podemos discernirlo porque es tan oscuramente presente –y, al mismo tiempo, hay sin dudas una especie de irritación del buen marxista que tolera mal un fenómeno no reductible a alguna buena causalidad conocida–.

D. C.-L.: *Para usted, el cristianismo tendría orígenes inconfesables. Es un argumento terrible de sostener. Esa palabra, "inconfesable", hace extrañamente eco con el libro de Blanchot La comunidad inconfesable; libro con el que usted mantuvo un diálogo comprometido, hasta llegar a escribir un ensayo titulado*

La comunidad revocada.* *¿Lo inconfesable cristiano resuena para usted, de algún modo, con el inconfesable blanchotiano?*

J.-L. N.: Inconfesables tal vez, pero inconfesados seguro, durante mucho tiempo, de hecho, largamente inconscientes. O al menos inconscientes sobre lo que provenía del judaísmo. Pablo es un Judío que quiere soltarse del judaísmo. No es el único de su tiempo. Hay allí sin dudas una historia detallada, que resta por hacer, de las transformaciones, desplazamientos, complicaciones del judaísmo en el marco de la cuenca del Mediterráneo, entre los años 100 y 200 (por dar un lapso apresurado). Pablo no es el único, eso quiere decir que él expresa con un talento y una fuerza excepcional algo que fermenta en la época. Y en el centro hay esto: el Mesías llegó, tomó una altura inesperada, no se lo reconoce y sin embargo es él, crucificado, y resucitado. Hay que reconocer que es algo logrado, aún estando muy lejos del espíritu judaico, pero otorgando a la espera mesiánica una dimensión que recoge, por decirlo de algún modo, una enorme carga simbólica y afectiva disponible en un mundo desorientado, que había perdido sus puntos de referencia religiosos.

Esto, sin dudas, no tiene nada que ver con Blanchot, solo que el sentimiento de inconfesable tiene algo de muy

* Jean-Luc Nancy, *La comunidad revocada*, Buenos Aires, Mardulce, 2016.

cristiano: algo de tan culpable y de tan vergonzoso que no se lo puede confesar de ningún modo. Es precisamente por esto que siento como algo sesgado el uso que hace Blanchot. Pero no es este el lugar para avanzar sobre el tema.

D. C.-L.: *En el fondo, Occidente no ha cesado de liquidar la figura del Judío: la que se mantuvo judío, y la que cada cristiano lleva en sí sin confesarlo. ¿No estamos en un esquema aporético que da a pensar que hay pocas posibilidades de que podamos salir de él? ¿No piensa usted que después del Concilio Vaticano II algo cambió, que los lazos entre judaísmo y cristianismo se han unido, para bien o para mal? ¡Dos mil años de antisemitismo, ya es suficiente!*

J.-L. N.: Algo se movió, sí, pero el trabajo que sería necesario para superar el antisemitismo no compete solo a los cristianos, que podrían hacer más (pero eso sería un verdadero trabajo teológico e histórico a la vez). En cambio, modificar las mentalidades heredadas y cristalizadas, es otro asunto. Y es tal vez más duro hoy, cuando mucha gente sabe que el antisemitismo es condenable, pero piensan que esa condena es el resultado de una reflexión biempensante de izquierda, de la que habría que desembarazarse. Esos son capaces de no manifestarse cuando sí es necesario hacerlo, manteniéndose secretamente antisemitas y aprovechándose de la situación. Alguien me dijo una vez que después de a los judíos, hoy se persigue a los antisemitas. Es increíble, pero real.

D. C.-L.: *Usted también habló de la fábrica de un hombre nuevo, el que de alguna manera está condicionado a la liquidación de los Judíos. Esta "fábrica" nos hace temblar. Evoca la idea del super-hombre nietzscheano, antes que la locura asesina de la fábrica de la raza superior aria. Lo que significa decir que el odio a los Judíos tiene como corolario la idea de que los Judíos son el paradigma de la moral de los débiles, sometidos al dictado de la Ley. ¿Se puede todavía sostener esta tesis que contaminó las mentes en Occidente? Nuestro mundo contemporáneo enfrentado a una desorientación en todos los sentidos (político, espiritual, económico), ¿no llegó al final de la carrera de este "odio"? Cierto, el peligro estuvo siempre allí, este odio renace permanentemente de sus cenizas. Ante cada crisis, se señala al Judío para construir un chivo emisario. Pero ese renacer, ¿no es también una confesión de su desmoronamiento?*

J.-L. N.: Por supuesto, Occidente. Temo que ese término y las nociones y representaciones que conlleva sea el lugar de una formidable ambivalencia. O bien se deplora la occidentalización, convertida en mundialización (*mondialitinisation* decía Derrida, que es una manera de designar el vector principal, ni griego ni judío, de la expansión europea, después occidental) y nos apresuramos a acusar al capitalismo y con él a toda una civilización del progreso, del dominio, de la empresa que justamente ha hecho del Judío el alma damnificada. O bien, al contrario, reivindicamos un Occidente puro y cristiano, esta vez menos latino que franco-nórdico, en el cual, como sabemos desde siempre, el Judío ha sido el elemento heterogéneo, oriental y pernicioso.

Al fin y al cabo, no hay lugar para los Judíos. Me acuerdo de alguien muy simple, sin cultura pero igualmente algo instruido, que me decía: "Ves, a esas personas nunca nadie las quiso. ¡Ni los romanos!". Era una evidencia, no era discutible. La evidencia de un ser detestable expresada con la certeza de esta fuerza histórica y psíquica. Ya que es una válvula de escape, un chivo emisario. Habría que detenerse detalladamente sobre el destino de ese chivo emisario, convertida en expresión habitual y práctica ordinaria de tantos grupos, y habría que preguntarse cómo ese chivo hizo olvidar completamente el chivo de la tragedia griega.

5.
Post scriptum

DANIELLE COHEN-LEVINAS: *Agrego, para terminar esta serie de entrevistas sobre el antisemitismo, una última cuestión que se suma a la mirada sobre la tragedia planetaria que estamos viviendo con el COVID-19. Tengo la sensación de que esta pandemia, de la que no sabemos la dimensión, al momento de escribir estas líneas, de los dramas y las consecuencias que causará, nos hace entrar definitivamente en el siglo XXI. Eso significa una tabla rasa de nuestros puntos de referencia civilizatorios, humanistas y judeo cristianos sobre los que descansaban nuestro credo, nuestras maneras de pensar y vivir. En ese contexto, en el que ningún lugar del planeta está a salvo, ya no es la figura del Judío que es estigmatizada, sino la figura de todos y cada uno, Judíos y no Judíos. Es la figura del hombre que está en el corazón de la amenaza y que es también una figura amenazante. El otro que nos persigue se llama "coronavirus", una bacteria invisible, temible, que puede matar sin avisar. Entonces, quisiera preguntarle si ese "Dios que solo puede salvarnos", tiene todavía algo que ver con el mundo de donde venimos y hacia donde vamos.*

JEAN-LUC NANCY: Usted dice "ese Dios" es el de Heidegger y yo no me ocupo de él. Dicho eso, pienso que Heidegger tiene (también o al menos) para decirle que no es un sistema político (la democracia, en el contexto de su entrevista) el que puede "salvarnos" (otra palabra que deberíamos comentar), sino una ruptura o un temblor espiritual. Y eso que "espiritual" significa al menos esto: lo que elude tanto al saber como al poder, lo que deja atravesar otra cosa más que una "idea" o una "concepción".

Dicho esto, no hay futuro que se pueda proyectar ni tabla rasa que se pueda esperar. Hay una historia que va, que viene, que, tal vez, va hacia la suspensión de su venida.

París, 28 de marzo de 2020

OTROS TÍTULOS

ensayo 〰️

OTROS TÍTULOS

ficción

Un año, Jean Echenoz

Los papeles de Puttermesser, Cynthia Ozick

El viento que arrasa, Selva Almada

La débil mental, Ariana Harwicz

Tormentas, Juan Zorraquín

El amo bueno, Damián Tabarovsky

La vida tranquila, Margueritte Duras

La galaxia caníbal, Cynthia Ozick

Narraciones para cine. Guiones literarios,
    Andrei Tarkovski

El sueño de una cosa, Pier Paolo Pasolini

Una nihilista, Sofia Kovalévskaya

El momento de la verdad, Damián Tabarovsky

Ladies. Una antología de mujeres dandis,
    Lou Andreas-Salomé / Colette / Anna de Noailles /
    Aleksandra Kollontai / George Sand

OTROS TÍTULOS

philos 〰〰

El sentido olvidado. Ensayos sobre el tacto,
   Pablo Maurette

La palabra deseada. La *Divina comedia* en el mundo
   contemporáneo, Mariano Pérez Carrasco

Impreso en Kadmos, mayo de 2025.